Colorea y descubre

HEAVY METAL

© 2023, Redbook Ediciones, s. l., Barcelona

Diseño de cubierta: Regina Richling

Ilustraciones: Agustí Roig Bruguera

ISBN: 978-84-18703-64-5

Depósito legal: B-12.866-2023

Impreso por Ulzama, Pol.Ind. Areta, calle A-33, 31620 Huarte (Navarra)

Impreso en España - *Printed in Spain*

Introducción

La música es una generadora de ídolos. Y cada generación ha tenido los suyos. En la década de los cincuenta Elvis fue el gran detonante de una sociedad que vivía encorsetada. Un poco más adelante, cuatro muchachos de Liverpool, con sus flequillos y sus ritmos pegadizos, marcarían un antes y un después en la historia de la música. Legiones de fans siguieron sus pasos allá donde iban mientras el *merchandising* se ocupaba de promocionarlos mediante camisetas, banderolas o productos de lo más insospechado.

Los medios de comunicación y, desde hace unos años, las redes sociales, han impulsado el seguimiento de los grupos musicales traspasando todo tipo de fronteras, llegando en muchas ocasiones a sacar a la luz aspectos de la vida personal de muchos de estos artistas. El fenómeno *fandom* está muy extendido, ya no solo en el mundo de la música sino también en muchos otros ámbitos de la sociedad. ¿Quién no ha seguido alguna vez a un escritor, a un deportista, a un cineasta?

Los más mitómanos suelen recurrir a coleccionar objetos personales que almacenan en vitrinas, guardan celosamente y únicamente muestran a sus personas más cercanas. Los conciertos y festivales que hoy en día proliferan por todas partes son, en ese sentido, el lugar en que es posible expresar con mayor entusiasmo esa conexión emocional que hay entre el músico y sus seguidores.

Desde el momento en que el pop y el rock pasaron a formar parte de la cultura popular, las imágenes de sus protagonistas se cruzaron con su propia recreación en forma de dibujos e ilustraciones. Primero fueron las películas de largos metrajes y más tarde pasaron al mundo del cómic y los dibujos animados. Estos Cuadernos del rock para colorear se dirigen a todos aquellos aficionados a la música para que puedan recrear un momento especial de conexión con sus ídolos: un concierto, una canción… y así rememorar sus éxitos y su música.

En cada dibujo podrás encontrar además un pequeño quiz que te animamos a responder y así conocer mejor a tu grupo favorito. La respuesta la podrás encontrar al final del cuaderno.

RISE AGAINST

El hardcore melódico

¿Cuál fue el álbum de debut de la banda?

Lemmy es Dios

Artífices del glam metal

Poison

Clam rock de los ochenta

¿Cuál fue el nombre inicial del grupo?

AC/DC

Harder, faster, louder

¿Cuál es el nombre de los dos hermanos Young?

Hard rock australiano

¿Quién es el líder del grupo?

Entre el blues rock y el rock sureño

¿Qué caracteriza a los miembros del grupo?

Éxitos internacionales desde Irlanda

¿Quiénes son sus miembros fundadores?

funk tradicional y rock alternativo

¿Cómo se llama el vocalista del grupo?

Un referente de la fusión estilística de los noventa

¿Quiénes fueron los integrantes originales?

Un clon híbrido entre David Bowie y Alice Cooper

¿Cuál es el verdadero nombre de Marilyn Manson?

Thrash metal desde Nueva York

¿Cuál es el nombre de sus guitarristas?

Más grandes que la vida

¿Cuál es el nombre de su cantante y líder?

IRON MAIDEN

na de las bandas de metal más importantes de todos los tiempos

¿Cuál es el nombre de su famosa mascota?

Una de las bandas más exitosas de todos los tiempos

¿Cómo se llama el vocalista del grupo?

Rebeldía hedonista y hard rock

¿Cuántos álbumes han vendido en todo el mundo?

QUIET RIOT

Clam Metal de los años ochenta

DEF LEPPARD

Entre el hard rock melódico y el trabajo vocal

¿De dónde son originarios?

Entre el blues rock y el hard rock

¿En qué bandas ha tocado Gary Moore?

MANOWAR

La banda más ruidosa del mundo

Metal Vikingo

¿Cómo se llama el fundador de la banda?

Ted Nugent

Entre el rock psicodélico y el hard rock

¿En qué banda se inició el músico?

Un grupo inspiracional para otras bandas

¿Cuál fue el título de su primer álbum?

Las primeras chicas del heavy

Una gran carrera en solitario

Imagen y voz del videojuego Brütal Legend

¿Cuál fue su álbum de debut?

MELVINS

Sludge Metal originario de Seattle

¿Sobre qué grupos han ejercido su influencia?

PANTERA

Croove Metal

¿En qué festival multitudinario participó junto a Metallica y AC/DC?

Ozzy Osbourne

El príncipe de las tinieblas

¿En qué grupo ejerció como cantante Ozzy?

La guitarra de Guns N' Roses

¿Cuál es su verdadero nombre?

KISS

Los herederos del Clam Rock inglés

¿Qué instrumento toca Gene Simmons?

SAXON

Los líderes de la Nueva ola del heavy metal británico

¿Cuál fue el nombre original del grupo?

OVER KILL

La banda originaria de Nueva Jersey

El gran sacerdote Rob Halford

¿De dónde viene el nombre de la banda?

El shock rock

DANZIG

Entre el sonido gótico, el blues y el heavy metal

Thrash y Death Metal

Dio

Una de las voces más emblemáticas e influyentes

¿Qué popularizó Ronnie James Dio como símbolo del heavy metal?

Heavy Metal surgido en Toronto

¿En qué película se recoge la historia del grupo?

Deep Purple

Los artesanos del heavy rock

¿Quiénes son los integrantes de la banda?

Soluciones

¿Cuál fue el álbum de debut de Rise Against? *Siren Song of the Counter Culture.*

¿Qué significa Motörhead? Colgado de las anfetaminas.

¿En qué año y dónde se fundó Poison? En 1983, en Mechanicsburg, Pennsylvania.

¿Cuál fue el nombre inicial de Poison? El nombre inicial del grupo fue The Kidz.

¿Cuál es el nombre de los dos hermanos Young? Malcolm y Angus.

¿Quién es el líder del grupo AC/DC? Brian Johnson es el tercer vocalista del grupo y el hombre que sustituyó a Bon Scott.

¿Qué caracteriza a los miembros del grupo ZZ Top? Sus larguísimas barbas.

¿Quiénes son los miembros fundadores de Thin Lizzy? Brian Downey y Phil Lynott.

¿Cómo se llama el vocalista de los Red Hot Chilli Peppers? Anthony Kiedis.

¿Quiénes fueron los integrantes originales de Red Hot Chilli Peppers? Anthony Kiedis, Flea, el baterista Jack Irons y el guitarrista Hillel Slovak.

¿Cuál es el verdadero nombre de Marilyn Manson? El verdadero nombre de Marilyn Manson es Brian Warner.

¿Cuál es el nombre de los guitarristas de Anthrax? Scott Ian y Dan Lilker.

¿Cuál es el nombre del cantante y líder de Iron Maiden? Bruce Dickinson.

¿Cuál es el nombre de la famosa mascota de Iron Maiden? Eddie the Head.

¿Cómo se llama el vocalista del grupo Guns N' Roses? Axl Rose.

¿Cuántos álbumes ha vendido en todo el mundo Guns N' Roses? Más de cien millones de discos.

¿Cuáles son los éxitos más conocidos de Quiet Riot? «Metal Health» y «Cum on Feel the Noise».

¿De dónde son originarios Deff Leppard? De Sheffield, Reino Unido.

¿En qué bandas ha tocado Gary Moore? Ha tocado en Skid Row, Colosseum II y Thin Lizzy.

Manowar se consideran a sí mismos… Guardianes del templo True Metal.

¿Cómo se llama el fundador de la banda Mortiis? Håvard Ellefsen.

¿En qué banda se inició el músico Ted Nugent? En The Amboy Dukes.

¿Cuál fue el título del primer álbum de Girlschool? *Demolition.*

Cita uno de los álbumes más conocidos de Girlschool. *Hit and Run.*

¿En qué banda se hizo famosa Lita Ford? En The Runaways.

¿Cuál fue el álbum de debut de Lita Ford? Su álbum debut se tituló *Out for Blood.*

¿Sobre qué grupos han ejercido su influencia Melvins? Nirvana y Mudhoney.

¿En qué festival multitudinario participó Pantera junto a Metallica y AC/DC? En Moscú.

¿En qué grupo ejerció como cantante Ozzy Osbourne? En Black Sabbath.

¿Cuál es el verdadero nombre de Slash? Saul Hudson.

¿Qué instrumento toca Gene Simmons de los Kiss? El bajo.

¿Cuál fue el nombre original de Saxon? Son of Bitch.

¿Qué miembros de la formación original de Overkill permanecen en el grupo? Bobby 'Blitz' Elisworth y el bajista D.D. Verni.

¿De dónde viene el nombre de Judas Priest? De la canción de Bob Dylan Ballad of Frank Lee y Judas Priest.

¿Cuál es el nombre real de Alice Cooper? Vincent Furnier.

¿Qué día del año Danzig ofrece siempre un concierto? Cada 31 de octubre.

¿Quién fundó Sepultura? Los hermanos Max e Igor Cavalera.

¿Qué popularizó Ronnie James Dio como símbolo del heavy metal? La mano cornuta.

¿En qué película se recoge la historia de Anvil? *En Anvil, the Story.*

¿Cuáles son los integrantes de Deep Purple? Ian Gillian, Ritchie Blackmore, Roger Glover, Jon Lord e Ian Paice.

En la misma colección:

En preparación:
- Rockabilly
- Soul y Rhythm & Blues

Para saber más:

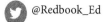
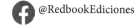